Jules Verne

Deux ans de vacances

Adaptation et activités par **Chantal Delaplanche**

Illustrations de **Alfredo Belli**

Rédaction : Sarah Négrel, Maréva Bernède
Conception graphique et direction artistique : Nadia Maestri
Mise en page : Veronica Paganin
Recherches iconographiques : Laura Lagomarsino

Crédits photographiques :
Archive Cideb ; © Steven Vidler/Eurasia Press/CORBIS : page 21.

Vous trouverez sur les sites www.cideb.it et www.blackcat-cideb.com
(espace étudiants et enseignants) les liens et adresses Internet utiles
pour compléter les dossiers et les projets abordés dans le livre.
Tous les sites Internet signalés ont été vérifiés à la date de publication
de ce livre. L'éditeur ne peut être considéré responsable d'éventuels
changements intervenus successivement.
Nous conseillons vivement aux enseignants de vérifier à nouveau les
sites avant de les utiliser en classe.

Pour toute suggestion ou information, la rédaction peut être
contactée à l'adresse suivante :

www.cideb.it

ISBN 978-88-530-0791-9 livre + CD

Imprimé en Italie par Litoprint, Gênes

Sommaire

Le texte est intégralement enregistré.

Ce symbole indique les exercices d'écoute et le numéro de la piste.

DELF Les exercices qui présentent cette mention préparent aux
      compétences requises pour l'examen.

Jules Verne

Jules Verne naît à Nantes le 28 février 1828. Il est l'aîné d'une famille de cinq enfants. Son père est avocat et sa mère vient d'une famille de riches navigateurs. Nantes est un grand port maritime, et de sa chambre, le petit Jules aperçoit les bateaux : il rêve déjà de voyages, d'îles désertes et de terres lointaines. À onze ans, il fait même une fugue [1] et s'embarque clandestinement sur un voilier qui part pour les Indes. Heureusement, son père le retrouve peu après le départ du voilier.

En 1846, il obtient son baccalauréat [2] et poursuit des études de droit, comme le souhaite son père. Il s'installe à Paris et commence à

1. **Faire une fugue** : partir de la maison, s'en aller sans donner d'explications.
2. **Le baccalauréat** (ou **le bac**) : examen que les élèves passent à la fin du lycée.

fréquenter les salons littéraires. Il découvre ainsi qu'il préfère la littérature au droit ! En 1848, il obtient son diplôme mais refuse de prendre la succession de son père. Il est passionné par le théâtre et écrit déjà des tragédies et des comédies. Pour vivre, il travaille comme secrétaire au Théâtre-Lyrique, mais ce travail ne l'intéresse pas. Il préfère se rendre à la Bibliothèque nationale car il se passionne pour la géographie, les découvertes scientifiques et les progrès techniques.

En 1856, il épouse une jeune veuve dont il aura un fils, Michel. Pour faire vivre sa famille, il doit travailler à la Bourse de Paris.

Cependant, il n'abandonne pas sa passion pour la littérature et continue d'écrire. En 1862, il présente *Cinq semaines en ballon* à l'éditeur Hetzel avec lequel il signe un contrat pour vingt ans. Le roman connaît un immense succès. Hetzel lui demande alors d'écrire régulièrement dans *Le Musée des familles* et *Les Magasins d'éducation et de récréation*, deux revues scientifiques destinées aux enfants.

Dans les romans de Jules Verne, on retrouve tous les thèmes qui le passionnent : l'aventure, les découvertes scientifiques, les explorations, l'astronomie, les inventions, les nouvelles techniques et la nature. Jules Verne a une imagination incroyable, et il réussit même à anticiper les progrès du XXe siècle (voyage sur la lune, explorations sous-marines...) ! Il a créé un genre nouveau : le roman scientifique d'anticipation.

Voici quelques-unes de ses œuvres les plus célèbres : *Cinq semaines en ballon* (1863), *De la Terre à la Lune* (1865), *Les enfants du capitaine Grant* (1868), *Vingt mille lieues sous les mers* (1870), *Le tour du monde en quatre-vingts jours* (1873), *Michel Strogoff* (1876), *Un capitaine de quinze ans* (1878), *Les cinq cents millions de la bégum* (1879), *Deux ans de vacances* (1888), *L'île à hélice* (1893).

L'auteur voyage aussi beaucoup. Il part pour les États-Unis avec son frère, visite l'Angleterre et l'Écosse, la Hollande, l'Allemagne et la Scandinavie. Il achète même un bateau qui lui sert de bureau et avec lequel il fait une croisière en Méditerranée.

En 1872, il s'installe à Amiens et obtient la Légion d'honneur [1]. Il participe activement à l'administration de la ville en devenant conseiller municipal.

Malade de diabète depuis de nombreuses années, il meurt à Amiens en 1905.

Compréhension écrite

DELF **1** Lisez attentivement le dossier, puis dites si les affirmations suivantes sont vraies (V) ou fausses (F).

		V	F
1	Jules Verne naît à Nantes.	☐	☐
2	Son père est écrivain.	☐	☐
3	Jules Verne fait des études littéraires.	☐	☐
4	Il écrit des pièces de théâtre.	☐	☐
5	Il est passionné par la science et le progrès technique.	☐	☐
6	Pour faire vivre sa famille, il travaille à la Bourse de Paris.	☐	☐
7	Il a voyagé en Inde et en Asie avec son frère.	☐	☐
8	Il meurt à Amiens en 1910.	☐	☐

---

1. **La Légion d'honneur** : titre honorifique qui récompense les services civils et militaires.

Personnages

De gauche à droite et de haut en bas :
l'officier Evans, Kate, Briant, Moko, Wilcox, Webb, Doniphan, Gordon, Jacques, Phann.

CHAPITRE 1

Une violente tempête

9 mars 1860. Sur l'océan Pacifique démonté [1], une goélette, le *Sloughi*, **est emportée par la tempête. Au gouvernail [2], il n'y a pas de capitaine, pas de marin, mais seulement quatre garçons, de quatorze à douze ans.** Ils sont seuls ! Ils s'appellent Briant, Doniphan, Gordon et Moko. Moko est un mousse [3], les autres garçons sont les pensionnaires d'un collège d'Auckland, en Nouvelle-Zélande. Le bateau va à la dérive depuis trois semaines. Dans la violente tempête, la seule voile encore entière vient de se déchirer.

— Nous n'avons plus de voile ! s'écrie Doniphan, terrifié.

À ce moment, la tête d'un autre enfant apparaît par l'ouverture de l'escalier.

— Il y a de l'eau dans le salon !

---

1. **Démonté** : ici, très agité.
2. **Un gouvernail** : appareil qui sert à diriger un bateau.
3. **Un mousse** : jeune garçon qui apprend le métier de marin.

Deux ans de vacances

Briant descend.

Une dizaine d'enfants sur les couchettes regardent Briant, épouvantés.

— Il n'y a aucun danger, leur dit-il. L'eau est entrée par le pont. La coque est intacte !

C'est l'aube. La situation est désespérée : le *Sloughi* ne peut pas résister un jour de plus à la tempête.

Soudain, au milieu des éclairs et des vagues, Moko s'écrie :

— Terre ! Terre ! en indiquant un point à l'horizon.

— Je la vois moi aussi, c'est une terre basse, dit Gordon.

Les adolescents voient la terre qui se rapproche rapidement. Des écueils se dressent devant eux.

Maintenant, tous les enfants sont réunis à l'arrière du bateau. Il y a Phann aussi, le chien de Gordon.

Terrifiés, ils sentent une violente secousse. L'embarcation se soulève en avant et se pose sur les écueils, en s'inclinant légèrement.

Ils sont à un quart de mille [1] de la côte.

— Attendons la marée basse, propose Briant.

Les garçons voient nettement une plage au pied d'une falaise.

— Je ne vois pas de maisons et pas de barques, déclare Moko qui regarde dans la longue-vue.

---

1. **Un mille** : unité de mesure pour les distances maritimes.

Compréhension écrite et orale

DELF ❶ Lisez attentivement le chapitre, puis cochez la bonne réponse.

1 Le bateau navigue sur l'océan
   - a ☐ Atlantique.
   - b ☐ Pacifique.
   - c ☐ Indien.

2 Il s'appelle le
   - a ☐ *Sloughi.*
   - b ☐ *Grizzli.*
   - c ☐ *Cabri.*

3 Sur le bateau, il y a
   - a ☐ des adultes et des enfants.
   - b ☐ seulement des enfants.
   - c ☐ seulement des adultes.

4 Ils ont très peur à cause
   - a ☐ de la tempête.
   - b ☐ des pirates.
   - c ☐ des baleines.

5 Finalement, ils aperçoivent
   - a ☐ une plage.
   - b ☐ des barques.
   - c ☐ des maisons.

Enrichissez votre vocabulaire

❶ Dans le texte, trouvez les mots qui correspondent aux définitions.

1 Partie extérieure d'un bateau : une _ O _ _ E.
2 Terrifié : É _ _ _ V _ _ _ _ .
3 Lumière en forme de zigzag dans le ciel : un _ C _ A _ _ .
4 Mouvement brusque : une S _ _ O _ S _ _ .
5 Relief rocheux situé le long des côtes : une F _ _ _ I _ _ .
6 Rocher dans la mer : un É _ _ _ _ L.

2 Associez chaque nom de bateau à l'image correspondante.

> un drakkar   une péniche   une goélette
>
> un pétrolier   un remorqueur   une gondole

1

2

3

4

5

6

CHAPITRE 2

Le naufrage

Les adolescents commencent à rassembler sur le pont les objets de première nécessité : conserves, biscuits, viande salée...

Ils espèrent pouvoir atteindre [1] la plage encore lointaine pendant la marée basse, mais ils observent, inquiets, les vagues encore violentes autour du bateau.

Soudain, une énorme masse d'eau soulève le *Sloughi* par-dessus les rochers et le dépose sur le sable, au pied de la falaise.

— Sauvés ! s'écrient les enfants tous ensemble.

À cette époque, il y a une centaine d'élèves au pensionnat Chairman. Ils appartiennent aux meilleures familles de cette colonie anglaise. Tous les garçons sont néo-zélandais sauf Gordon qui est américain et les deux Français, les frères Briant et Jacques. Pour conclure l'année scolaire et comme récompense, certains parents ont organisé une croisière pour leurs enfants.

---

1. **Atteindre** : ici, arriver jusqu'à un endroit précis.

Deux ans de vacances

La veille du départ, alors que les enfants déjà installés à bord dorment et que l'équipage, à l'exception de Moko, est allé boire un dernier verre dans un cabaret du port, le yacht rompt ses amarres et prend le large ! Après plusieurs jours de recherches inutiles, les parents perdent l'espoir de revoir leurs enfants vivants.

— Nous avons des provisions, des munitions et des vêtements, s'écrie Gordon. Il faut nous organiser ! Mais où sommes-nous ? Ça, c'est une autre histoire !

Le bateau est couché sur le flanc, à tribord [1], près de l'embouchure [2] d'une petite rivière.

Briant et Gordon s'aventurent sous les arbres. Ils marchent pendant dix minutes et arrivent au pied de la falaise. Ils longent [3] sa base en espérant trouver un abri naturel où s'installer avec leurs camarades et trouver aussi le moyen d'atteindre le sommet pour observer cette terre d'un point élevé.

---

1. **À tribord** : dans le langage maritime, à droite.
2. **Une embouchure** : endroit où un cours d'eau se jette dans la mer.
3. **Longer** : marcher le long de quelque chose.

Le naufrage

Déçus, ils reviennent vers le *Sloughi* et décident, en attendant de trouver mieux, de rester dans le bateau qui peut encore servir de refuge. Moko prépare un repas. Après tant de jours d'angoisse et de terreur, les garçons sont affamés.

Compréhension écrite et orale

DELF **1** Écoutez attentivement l'enregistrement du chapitre, puis cochez la bonne réponse.

1 Les enfants étudient au pensionnat

a ☐ Chairman.   b ☐ Carmain.

2 Pour les vacances, leurs parents organisent un voyage en

a ☐ train.   b ☐ bateau.

3 Pendant que les enfants dorment, le bateau

a ☐ s'éloigne du port.   b ☐ reste à quai.

4 Une vague dépose l'embarcation sur la

a ☐ falaise.   b ☐ plage.

5 Les naufragés

a ☐ savent où ils sont.   b ☐ ne savent pas où ils sont.

6 Ils partent à la recherche

a ☐ de nourriture.   b ☐ d'un endroit pour se protéger.

Grammaire

Les verbes pronominaux

Les verbes pronominaux sont toujours accompagnés d'un pronom qui reprend le sujet du verbe. Ces pronoms sont : **me**, **te**, **se**, **nous**, **vous**, **se**. Ils s'élident devant une voyelle ou un **h** muet, sauf ceux de la première et de la deuxième personne du pluriel.

Se souvenir	S'installer
Je **me** souviens	Je **m'**installe
Tu **te** souviens	Tu **t'**installes
Il/Elle/On **se** souvient	Il/Elle/On **s'**installe
Nous **nous** souvenons	Nous **nous** installons
Vous **vous** souvenez	Vous **vous** installez
Ils/Elles **se** souviennent	Ils/Elles **s'**installent

À la forme négative, **ne** précède le pronom et **pas** suit le verbe.

Je me souviens du naufrage. → *Je **ne** me souviens **pas** du naufrage.*

Aux temps composés, tous les verbes pronominaux se conjuguent avec l'auxiliaire **être**.

Briant s'aventure dans la forêt. → *Briant **s'est aventuré** dans la forêt.*

1 Conjuguez les verbes entre parenthèses au présent de l'indicatif, puis mettez les phrases à la forme négative.

1 Nous (*s'inquiéter*) .... pour nos enfants.
....

2 Tu (*se promener*) .... sur la plage.
....

3 Le bateau (*s'éloigner*) .... du port.
....

4 Vous (*s'abriter*) .... dans le *Sloughi*.
....

5 Les enfants (*s'organiser*) .... pour survivre.
....

6 L'embarcation (*se poser*) .... sur la plage.
....

7 Je (*s'aventurer*) .... dans la forêt.
....

8 Ils (*s'installer*) .... à bord du *Sloughi*.
....

Production écrite et orale

1 Racontez comment vous imaginez l'endroit où se trouvent les enfants. Aidez-vous des questions suivantes :
Est-ce un pays ? Une île ? Est-ce qu'il y a des habitants ? Des animaux ? Comment est la végétation ?

La Nouvelle-Zélande

Le lac Pearson.

La Nouvelle-Zélande fait partie de l'Océanie et de l'Australasie. Elle se situe dans l'hémisphère sud (ou austral), entre le 34e et le 47e parallèle.

L'histoire

En 1840, elle devient une colonie anglaise, suite à un traité signé entre la Grande-Bretagne et les Maoris, la population indigène de la Polynésie. En 1907, l'île devient un dominion britannique c'est-à-dire qu'elle s'administre elle-même. Elle a un premier ministre, mais pas de président, et un gouverneur général qui représente la reine d'Angleterre. Depuis 1931, la Nouvelle-Zélande est totalement

Vue des gratte-ciel d'Auckland.

indépendante, mais elle a gardé des liens particuliers avec la Grande-Bretagne.

Elle a activement participé aux deux guerres mondiales et depuis 1985, elle a pris position contre la France à cause des expériences nucléaires dans le Pacifique.

C'est le premier pays au monde à avoir donné le droit de vote aux femmes (1893).

La géographie

La superficie de la Nouvelle-Zélande est d'environ 270 000 km² (ce qui correspond à peu près à la superficie de l'Italie) pour un petit peu plus de 4 millions d'habitants.

Elle est formée de deux îles principales. L'île du Nord, ou *île fumante*, possède deux grandes villes : Auckland, plus vaste que New York et recouverte de villas, et Wellington, la capitale, beaucoup plus petite. On y trouve de nombreux volcans dont le mont Ruapehu, toujours en activité. L'île du Sud, ou *île de jade*, possède deux villes importantes : Christchurch, avec ses maisons victoriennes, et Dunedin avec sa population écossaise.

L'économie

Pays de culture et d'élevage (moutons et bovins), la Nouvelle-Zélande exporte du beurre, de la viande et de la laine. Elle a souffert économiquement de l'entrée de la Grande-Bretagne dans l'Union européenne. Aujourd'hui, elle commerce en grande partie avec les pays d'Arabie et d'Orient.

L'environnement

La Nouvelle-Zélande présente un paysage grandiose et très varié : de nombreux volcans encore en activité, des geysers et des sources sulfureuses, des paysages alpins, des fjords mais aussi... des plages subtropicales et des forêts pluviales !

Les thermes Wai-O-Tapu.

Un kiwi avec ses œufs.

L'île a pour symbole le kiwi, un oiseau nocturne qui ne vole pas, auquel les Néo-Zélandais sont très attachés. Ils utilisent souvent ce nom pour se définir et on retrouve la silhouette de cet oiseau sur de nombreux objets, dont la pièce d'un dollar.

Un autre symbole est la fougère argentée qu'arborent les *All Blacks*, la prestigieuse équipe de rugby.

Dans la petite île de Steward, au sud, vit une colonie unique de pingouins bleus.

Activités sportives

Il est possible de pratiquer toutes sortes de sports : le golf, la pêche, le ski, la voile (les Néo-Zélandais se distinguent aussi dans cette discipline), la planche à voile, et pour les plus courageux, le parapente et le saut à l'élastique.

C'est le Néo-Zélandais Edmund Hilary qui a été, avec le sherpa Tensing, le premier alpiniste à atteindre le sommet de l'Everest, en 1953.

Compréhension écrite

1 Lisez attentivement le dossier, puis répondez aux questions.

1 Où se trouve la Nouvelle-Zélande ?

....

2 Qui étaient les premiers habitants de la Nouvelle-Zélande ?

....

3 À quel pays la Nouvelle-Zélande est-elle attachée historiquement ?

....

4 Pourquoi l'île du Nord est-elle surnommée l'*île fumante* ?

....

5 Comment s'appelle la capitale de la Nouvelle-Zélande ?

....

6 Peut-on pratiquer des sports extrêmes en Nouvelle-Zélande ?

....

 PROJET **INTERNET**

La légende du kiwi

Rendez-vous sur le site www.blackcat-cideb.com. Cliquez sur l'onglet *Students*, puis sur la catégorie *Lire et s'entraîner*. Choisissez votre niveau et le titre du livre pour accéder aux liens du projet Internet.

▶ Qui sont les enfants de Tane-Mahuta ?

▶ Pourquoi Tane-Mahuta a-t-il besoin des oiseaux ?

▶ Que doivent faire les oiseaux ? Quelle est leur réaction ?

▶ Qui est le seul oiseau courageux ?

▶ Que perd cet oiseau s'il descend des arbres ?

▶ Comment Tanehokahoka récompense-t-il l'oiseau pour son sacrifice ?

CHAPITRE 3

La terre inconnue

Pour économiser les provisions qui ne peuvent suffire que quelques mois, les enfants décident de pêcher et de chasser. Heureusement, ils trouvent à bord des lignes [1] et des fusils avec beaucoup de munitions.

Moko et d'autres camarades ramassent [2] dans les écueils des coquillages tandis que d'autres cherchent, dans les cavités de la falaise, des œufs d'oiseaux comestibles.

Gordon, de son côté, note sur un carnet tous les objets qu'ils ont récupérés : des vêtements chauds, des couvertures, de la vaisselle, des armes, des allumettes, des aiguilles, du fil, des livres, des cahiers, des plumes et de l'encre ! Ils pensent emporter

1. **Une ligne :**

2. **Ramasser** : prendre sur le sol.

Deux ans de vacances

plus tard, dans un refuge définitif, les matelas des couchettes. Il y a encore un baromètre, un thermomètre centigrade, deux montres marines, une boussole et la longue-vue. Enfin, ils ont trouvé un petit canot en caoutchouc pliable, très utile pour traverser une rivière ou un lac. Ils récupèrent aussi un calendrier de l'année 1860 sur lequel Baxter est chargé de barrer [1] les jours. Jacques, lui, est chargé de tenir le journal de bord de la petite colonie.

Les enfants se demandent s'ils sont sur une île ou sur un continent. Selon Doniphan, cette terre ne fait pas partie des tropiques. Les chênes [2], les pins et les sapins [3] indiquent que les hivers peuvent être froids.

31 mars. C'est l'hiver dans l'hémisphère austral. Briant décide de partir en reconnaissance. Il veut atteindre le sommet d'un cap entrevu pendant le naufrage et se rendre compte s'ils sont sur une île ou non.

Il part avec la boussole et la longue-vue. Après des heures de marche, il arrive au sommet du cap. Au-delà de la forêt, une ligne bleuâtre semble indiquer l'horizon. Cette terre est donc une île ?

Ses camarades et lui ne doivent attendre du secours que des navires qui passeront !

Au campement du *Sloughi*, les enfants sont déçus par le résultat de ses recherches. Doniphan, par esprit de contradiction, propose de repartir avec lui pour s'assurer qu'il a raison, mais ils doivent attendre plusieurs jours à cause du mauvais temps. Ils

1. **Barrer** : supprimer d'un trait de crayon.
2. **Un chêne** : grand arbre qui vit très longtemps.
3. **Un sapin** : arbre que l'on décore à Noël.

Deux ans de vacances

doivent aussi trouver au plus vite un refuge plus sûr. Le *Sloughi* n'est pas trop confortable et le bois de la coque laisse passer le vent et la pluie.

Enfin, un jour de beau temps, Briant, Doniphan et deux autres garçons, partent en exploration avec le chien Phann. Ils décident de rejoindre le sommet de la falaise plutôt que le cap. Ils atteignent le sommet de la falaise, mais ils ne voient pas la ligne bleue de l'horizon observée par Briant. Ils marchent longtemps encore. Arrivés à une rivière assez large, leur regard est attiré par des pierres savamment entassées qui permettent le passage d'une rive à l'autre.

Compréhension écrite et orale

DELF 1 Lisez attentivement le chapitre, puis cochez la bonne réponse.

1 Pour économiser les réserves, les naufragés décident de

  a ☐ chasser et pêcher.

  b ☐ ne rien manger pendant quelques jours.

  c ☐ chercher des fruits sur les arbres.

2 Selon Doniphan, cette terre ne fait pas partie des tropiques car il y a

  a ☐ des palmiers et des cocotiers.

  b ☐ des chênes, des pins et des sapins.

  c ☐ des bananiers et des abricotiers.

3 Une fois arrivé au sommet du cap, Briant aperçoit

  a ☐ la mer.

  b ☐ le continent.

  c ☐ la montagne.

4 Le *Sloughi* est inconfortable

  a ☐ parce qu'il n'y a plus de matelas.

  b ☐ parce que la pluie et le vent pénètrent à l'intérieur.

  c ☐ parce que l'océan est démonté.

5 Les jeunes naufragés peuvent traverser la rivière sur

  a ☐ des pierres.

  b ☐ un canot.

  c ☐ un pont.

2 Relisez le chapitre, puis dites qui a fait quoi.

1 ☐ Moko	**a**	fait un inventaire.
2 ☐ Gordon	**b**	part en reconnaissance.
3 ☐ Briant	**c**	tient le journal de bord.
4 ☐ Jacques	**d**	ramasse des coquillages.

4 **3** **Jacques tient le journal de bord. Choisissez la bonne réponse.**

Lundi 31 mars 1860

(1) ...., mon frère, avec trois autres garçons, est parti explorer la **(2)** ....
Je ne suis pas **(3)** .... avec eux car Briant m'a dit d'aider Moko à **(4)** .... des crustacés. **(5)** .... les écueils, à marée basse, nous avons trouvé des **(6)** .... Un autre groupe est allé **(7)** .... des œufs le long de la falaise. Avec ces œufs, Moko a **(8)** .... de nous faire une **(9)** .... omelette. Il fait **(10)** .... Je pense à papa. Heureusement que Briant est là pour me **(11)** ....

1	**a**	Aujourd'hui	**b**	Hier	**c**	Avant-hier
2	**a**	côte	**b**	falaise	**c**	forêt
3	**a**	venu	**b**	parti	**c**	allé
4	**a**	trouver	**b**	chercher	**c**	ramasser
5	**a**	Derrière	**b**	Dans	**c**	Sur
6	**a**	mollusques	**b**	crustacés	**c**	coquillages
7	**a**	ramasser	**b**	chercher	**c**	trouver
8	**a**	suggéré	**b**	juré	**c**	promis
9	**a**	succulente	**b**	énorme	**c**	délicieuse
10	**a**	froid	**b**	doux	**c**	chaud
11	**a**	gronder	**b**	consoler	**c**	réconforter

Grammaire

Les homophones

Les homophones sont des mots qui se prononcent de la même façon mais qui ont une orthographe et un sens différents.

*Les **pins** (arbre) et les sapins indiquent que les hivers peuvent être froids.*

*Après plusieurs semaines, il ne leur reste plus que du **pain** (aliment).*

1 **Complétez les phrases avec l'homophone qui convient.**

1 *chaîne, chêne.*

Les adolescents font une .... et transportent sous un .... les objets sauvés du naufrage.

2 *mère, mer.*

Le ciel est gris, et la .... est démontée. Une grande tristesse remplit l'âme de Webb. Il pense à sa ....

3 *encre, ancre.*

Il voudrait lui écrire pour lui dire qu'il est vivant, même s'il déteste la plume et l'........................ . Il regarde tristement le *Sloughi* qui, hélas, n'aura plus jamais besoin d'une .... !

4 *ton, thon.*

Au loin, il aperçoit Doniphan. Il a pêché un .... Depuis quelques jours, Doniphan fait des efforts : il est moins arrogant, il nous parle sur un autre ....

5 *sait, c'est.*

.... le soir. Webb .... que ses camarades vont bientôt revenir, mais il se sent seul et abandonné.

Enrichissez votre **vocabulaire**

1 **Gordon fait la liste des objets que l'équipage a récupérés. Retrouvez dans le texte le ou les objet(s) qui correspond(ent) à chaque besoin.**

1 Pour pêcher, chasser et se défendre : ....

2 Pour manger : ....

3 Pour écrire un message ou barrer les jours : ....

4 Pour allumer un feu : ....

5 Pour s'orienter : ....

6 Pour tenir le journal de bord : ....

7 Pour raconter des histoires avant de s'endormir : ....

8 Pour recoudre les vêtements : ....

9 Pour mesurer la température : ....

10 Pour dormir et se protéger du froid : ....

11 Pour voir au loin : ....

12 Pour traverser une rivière ou un lac : ....

2 Associez chaque objet à son image. Les objets figurent dans la liste de l'exercice précédent.

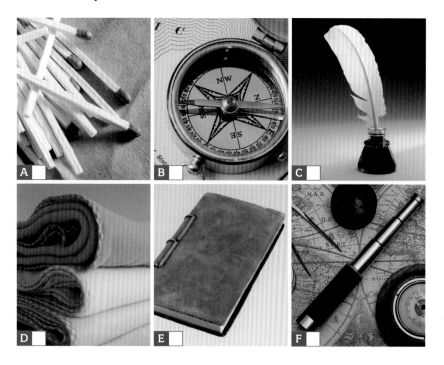

Production écrite et orale

1 Vous faites partie des naufragés. Vous décidez d'envoyer un message dans une bouteille pour demander de l'aide. Rédigez ce message.

2 Vous allez chercher des coquillages avec Moko. Le soir, vous racontez votre journée à vos camarades.

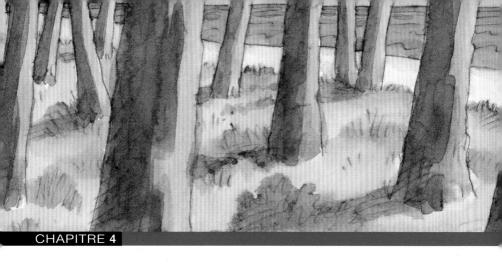

CHAPITRE 4

La grotte du Français

— Ces pierres ne sont pas venues toutes seules ! dit Wilcox.

Les garçons traversent la rivière et continuent à travers la forêt.

Soudain, après des heures de marche, ils découvrent entre les arbres une plage de sable.

— Briant a raison, nous sommes sur une île, dit Webb, découragé.

Le chien Phann, parti comme une flèche vers la plage, entre dans l'eau et se met à boire !

— De l'eau douce, c'est de l'eau douce ! s'écrient les garçons ensemble.

— Mais alors, c'est un lac ? déclare Doniphan. Cette terre n'est peut-être pas une île !

Ils s'endorment, confiants [1], sous un arbre, au chaud sous les couvertures qu'ils ont emportées. Le lendemain, ils décident de

---

1. **Confiant** : optimiste.

Deux ans de vacances

suivre la rive du lac, quand ils remarquent le comportement étrange du chien.

— Il a flairé une piste ! s'écrie Doniphan.

Les jeunes colons se mettent en route derrière le chien. Phann s'est arrêté devant l'entrée d'une grotte à moitié cachée par la végétation. Les garçons entrent prudemment. Briant prend une

La grotte du Français

allumette pour vérifier si l'air est respirable et pour s'orienter.

À l'intérieur de la grotte, des objets montrent que quelqu'un a habité là : un couteau, une hache [1], une scie [2], des ustensiles de cuisine, un tabouret [3], une sorte de lit avec une vieille couverture et une montre. C'est une belle montre à boîtier [4]. Briant l'ouvre et lit :

— Delpeuch, Saint-Malo — F B. Saint-Malo ! Mais c'est en Bretagne ! s'écrie-t-il.

---

1. **Une hache** : outil à lame tranchante pour couper le bois.
2. **Une scie** : outil à lame dentée pour couper le bois.
3. **Un tabouret** : siège sans dossier.
4. **Une montre à boîtier** : montre avec un couvercle.

Deux ans de vacances

Ils trouvent encore un cahier avec un nom : François Baudoin. F B, François Baudoin, c'est le nom du Français naufragé qui a vécu dans la grotte.

Les adolescents découvrent une carte des lieux, faite par François Baudoin. On reconnaît la côte où a échoué [1] le *Sloughi*, la rivière, la falaise, le lac ! Hélas, Briant a raison, ils sont sur une île !

Dehors, le chien aboie furieusement. Derrière la grotte, les garçons découvrent, entre les racines d'un arbre, le squelette d'un être humain.

Avant de repartir, ils donnent une sépulture au pauvre Français.

Ils sont d'accord pour s'installer au plus vite dans la grotte qui se trouve dans une zone beaucoup plus protégée.

1.   **Échouer** : ici, faire naufrage.

Compréhension écrite et orale

1 Lisez attentivement le chapitre, puis dites ce que signifie chaque indice.

1 ☐ Les pierres permettent de traverser la rivière.
2 ☐ Le chien Phann boit l'eau.
3 ☐ La grotte est à moitié cachée par la végétation.
4 ☐ Il y a des objets dans la grotte.
5 ☐ Sur la montre, il y a les initiales FB.
6 ☐ Ils retrouvent un squelette derrière la grotte.

a Quelqu'un a déjà traversé la rivière.
b Le naufragé s'appelle François Baudoin.
c Quelqu'un vit dans la grotte.
d La grotte n'est plus habitée depuis longtemps.
e Le naufragé est mort.
f Ce n'est pas de l'eau salée, c'est donc un lac.

2 Le journal de bord de François Baudoin. Écoutez attentivement l'enregistrement, puis indiquez les différences entre le texte et l'enregistrement.

Jeudi 28 avril 1802

Moi, François Baudoin, second mécanicien sur le Brest, j'écris dans le journal de bord.

Ma montre indique onze heures trente. Notre position est 50° de longitude et 74° de latitude, hémisphère nord. Nous avons rencontré une tempête au large de l'archipel de la reine Victoria, alors que nous étions dans les eaux internationales. Un des moteurs en avarie et l'hélice endommagée ne nous permettent plus de gouverner. Nous allons à la dérive, avec une tempête force 8.

Nous nous approchons dangereusement des récifs de l'île Hanovre.

Avant de lire

1 Les mots suivants sont utilisés dans le chapitre 5. Associez chaque mot à l'image correspondante.

a un poêle
b une chaloupe
c un biscuit
d un cerf-volant
e un roseau
f un piège
g le cricket
h un lapin
i un lasso

CHAPITRE 5

Le groupe se sépare

Les jeunes naufragés démontent le *Sloughi* et récupèrent  tout ce qui peut servir. Ils construisent un radeau et remontent la rivière avec tout le matériel.

Dans la grotte du Français, ils installent les couchettes, la table et le poêle de la cuisine du bateau.

La vie devient presque normale. Les plus grands reprennent les livres et apprennent aux plus jeunes ce qu'ils savent.

On est en mai 1860. C'est l'hiver dans l'hémisphère austral et le thermomètre indique 2° au-dessous de zéro.

Wilcox, pour économiser les réserves du *Sloughi*, installe des pièges autour de la grotte et prend des lapins.

Un jour de soleil, ils décident d'explorer l'autre rive du lac. Cette expédition est couronnée par la capture, au lasso, d'une vigogne (ou chèvre sauvage) et de son petit, qui va pouvoir les approvisionner en lait !

Deux ans de vacances

Les jours s'écoulent lentement.

C'est bientôt Noël et les jeunes colons font un effort pour ne pas être tristes. Les discussions entre Doniphan et Briant sont de plus en plus fréquentes. Un jour, pendant une partie de cricket, ils se disputent violemment. Doniphan et trois autres camarades décident de s'installer dans une autre partie de l'île. Munis de fusils, de lignes, de pièges, de couvertures et du petit canot pliable, ils partent donc à la recherche d'un endroit où s'installer.

À la grotte, la vie est triste. Les adolescents regrettent le départ des autres adolescents. Ils ont l'idée de fabriquer un grand cerf-volant avec de la corde et de la toile trouvées à bord, et des roseaux qui poussent [1] en abondance dans le marais [2] voisin. Ils espèrent ainsi signaler leur présence aux bateaux. Alors qu'ils cherchent un endroit assez vaste et assez découvert pour pouvoir faire monter le grand cerf-volant dans les airs, ils découvrent sur une plage, une grande chaloupe endommagée, avec un nom *Severn — San Francisco*.

Le chien s'est élancé vers la forêt. Les garçons l'entendent aboyer. Intrigués, ils s'avancent prudemment. Là, sous les arbres, Phann s'est arrêté près d'une forme humaine. Une femme est étendue, à moitié morte.

Elle ouvre les yeux. Jacques lui tend un biscuit qu'elle mange avidement avant de raconter son histoire.

---

1. **Pousser** : grandir, se développer.
2. **Un marais** : eau stagnante recouverte de végétation.

Compréhension écrite et orale

1 Écoutez attentivement l'enregistrement du chapitre, puis cochez la bonne réponse.

1 Les naufragés transportent le matériel sur
- a ☐ un radeau.
- b ☐ un bateau.
- c ☐ leur dos.

2 Pour se chauffer, ils installent
- a ☐ un poêle.
- b ☐ une poêle.
- c ☐ des couvertures à poil.

3 Wilcox capture au lasso
- a ☐ un lapin.
- b ☐ une chèvre.
- c ☐ des coquillages.

4 La vigogne leur fournit
- a ☐ de la laine.
- b ☐ du lait.
- c ☐ de la viande.

5 À la grotte, les enfants se sentent
- a ☐ tristes.
- b ☐ heureux.
- c ☐ seuls.

6 Les adolescents décident de fabriquer
- a ☐ un cerf-volant.
- b ☐ un canot pneumatique.
- c ☐ une canne à pêche.

7 Les adolescents découvrent une femme
- a ☐ à moitié morte.
- b ☐ morte.
- c ☐ endormie.

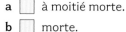

2 Un naufragé envoie un message en morse[1] à sa famille. Transcrivez la réponse.

a . _ n _ . 1 . _ _ _ _

b _ . . . o _ _ _ 2 . . _ _ _

c _ . _ . p . _ _ . 3 . . . _ _

d _ . . q _ _ . _ 4 . . . . _

e . r . _ . 5 . . . . .

f . . _ . s . . . 6 _ . . . .

g _ _ . t _ 7 _ _ . . .

h . . . . u . . _ 8 _ _ _ . .

i . . v . . . _ 9 _ _ _ _ .

j . _ _ _ w . _ _ 0 _ _ _ _ _

k _ . _ x _ . . _

l . _ . . y _ . _ _

m _ _

point . _ . _ . _ début de transmission _ . _ . _

erreur . . . . fin de transmission . _ . _ .

_ . _ . _   . .   _ _   . _ _ .   _ _ _   . . .   .   _ . . .   . _ . .   .   . _ _

.   _ . _ .   . . . .   _ _ _   . . _ .   . _   . _ _ .   . _ .   . . . .   . _ . _ .

_   . _   . _ . .   . _ _ .   . _ _ _   . _   _ . . .   .   _   _ _   _ _ _

. _ .   . . . _   _ . . .   _ _ _   . _ . .   .   _ . .   .   . _ _ .

. . _   . .   . . _ _   _ _ _ . .   . . . _ .   . . . .   _ . _ . . .

. . _ .   . _ _ _ _   _ _ _ _ .   _ _ _ _ .   _ _ _ _ .   . _ . _ . _   _ . .   .

. . .   _ _ _   . _ . .   .   . _ . _ .

1. **Le morse** : système de communication télégraphique utilisant des combinaisons de points et de tirets. Il a été inventé par le physicien américain Samuel Morse en 1835.

Grammaire

Les pronoms relatifs *qui* et *que*

Les pronoms relatifs permettent de relier plusieurs phrases en évitant de répéter un sujet ou un complément déjà mentionnés.

*Ils s'installent dans la grotte. **La grotte** se trouve dans un endroit protégé.*

*Ils s'installent dans la grotte **qui** se trouve dans un endroit protégé.*

- **Qui**

  Le pronom relatif **qui** reprend le sujet du verbe de la seconde phrase. Il se rapporte à des personnes ou à des choses. Il ne s'élide jamais.

  *C'est le nom du <u>Français</u>. **Le Français** (sujet) a vécu dans la grotte.*

  *C'est le nom du <u>Français</u> **qui** a vécu dans la grotte.*

- **Que**

  Le pronom relatif **que** reprend le complément d'objet direct du verbe de la seconde phrase. Il se rapporte à des personnes ou à des choses. Il s'élide devant une voyelle ou un **h** muet.

  *Il s'endort sous les <u>couvertures</u>. Il a emporté **des couvertures** (COD).*

  *Il s'endort sous les <u>couvertures</u> **qu'**il a emportées.*

1 Complétez les phrases avec *qui* ou *que*.

1 Les colons suivent le chien .... a flairé une piste.

2 La montre .... Briant découvre appartient à un Français.

3 L'eau .... boit Phann n'est pas salée.

4 Les ustensiles .... se trouvent dans la grotte sont au Français.

2 Reliez les deux phrases en une seule.

1 La chèvre produit du lait. Le lait est un aliment important.
   ....

2 Les adolescents trouvent une femme. La femme est à moitié morte.
   ....

3 La femme mange un biscuit. Jacques lui a donné un biscuit.
   ....

4 Les garçons ont construit un cerf-volant. Il flotte dans le ciel.
   ....

CHAPITRE 6

Des bandits sur l'île

Elle s'appelle Kate et elle voyageait sur le *Severn* parti de Californie pour Valparaíso. Des bandits, commandés par un nommé Walston, ont massacré les passagers et l'équipage. Seuls un officier, Evans, et elle, ont réussi à se sauver, mais le navire a coulé [1] pendant une violente tempête. Kate a vu les bandits s'éloigner sur une chaloupe.

Gordon et Briant pensent à Doniphan et aux autres.

— Il faut prévenir Doniphan du danger ! déclare Briant.

Ils abandonnent le projet du cerf-volant car ils ne veulent pas signaler leur présence aux dangereux bandits débarqués sur l'île.

Briant et Moko partent à la recherche de leurs camarades.

Armés d'un fusil et d'un couteau, ils longent, sur le radeau, les rives du lac. Ils abordent près d'un feu à moitié éteint. Est-ce un feu allumé par leurs camarades ou un feu allumé par les bandits ?

---

1. **Couler** : ici, disparaître sous l'eau.

Deux ans de vacances

Moko reste sur le radeau tandis que Briant avance prudemment sous les arbres. Une ombre se déplace dans les hautes herbes et bondit [1].

— À moi, à moi !

C'est la voix de Doniphan attaqué par un jaguar. Briant, d'un coup de couteau, tue l'animal mais est blessé à l'épaule.

Briant, Moko, Doniphan et les autres rentrent au plus vite à la grotte. Doniphan est plein de reconnaissance pour le Français qui a pris tant de risques pour eux.

Les jeunes colons sont inquiets. En effet, selon Kate, les bandits ont besoin d'outils pour réparer leur chaloupe !

Les garçons ne s'éloignent plus de la grotte et ne chassent plus avec les fusils.

La blessure de Briant guérit peu à peu.

Octobre vient de finir. Walston et sa bande ont-ils réparé leur bateau ? Sont-ils partis ? Qu'attendent-ils ?

Les plus grands sont allés observer l'île du sommet de la falaise. Ils n'ont pas vu de feu de camp mais la falaise n'est pas très élevée et le regard ne va pas loin, même avec la longue-vue.

Le vieux projet du cerf-volant est donc repris. Les garçons le consolident, l'agrandissent et l'équipent d'une nacelle où un garçon peut s'installer. Briant pense que le passager pourra s'élever assez haut dans les airs et découvrir ainsi le campement des bandits.

---

1. **Bondir** : faire un grand saut.

Compréhension écrite et orale

1 **Lisez attentivement le chapitre, puis répondez aux questions.**

1 Que s'est-il passé sur le *Severn* ?

....

2 Qui a réussi à se sauver ?

....

3 Pourquoi Briant et Moko partent-ils à la recherche de Doniphan et des autres ?

....

4 Qui attaque Doniphan ?

....

5 Qui est blessé à l'épaule ?

....

6 Pourquoi les enfants fabriquent-ils un cerf-volant ?

....

2 **Relisez le chapitre, indiquez qui a fait quoi et dites pourquoi.**

1 Il reste sur le radeau.

....

2 Il est blessé par un jaguar.

....

3 Elle s'est échappée du navire.

....

4 Il remercie le Français.

....

5 Il tue le jaguar d'un coup de couteau.

....

6 Elle voyageait sur le *Severn*.

....

7 Il veut équiper le cerf-volant d'une nacelle.

....

Grammaire

La forme négative

La forme négative se compose de deux éléments : **ne** (**n'** devant une voyelle ou un **h** muet) qui se place devant le verbe et **pas** qui se place après le verbe.

*Les adolescents **ne** veulent **pas** signaler leur présence aux bandits.*
*La falaise **n'**est **pas** très haute.*

Aux temps composés, **pas** se place entre l'auxiliaire et le participe passé.
*Ils **n'**ont **pas** vu de feu de camp au sommet de la falaise.*

Le second élément de la négation peut être remplacé par : **plus**, **rien**, **jamais**, **personne**, **aucun**.
*Les garçons **ne** s'éloignent **plus** de la grotte.*
*Il **n'**ont **rien** vu autour du feu de camp.*

Dans les phrases négatives, on emploie **de** à la place de l'article partitif ou de l'article indéfini.
*Il a **un** fusil.* → *Il n'a pas **de** fusil.*

Dans le langage parlé, **ne** est éliminé.
*Il **n'**a **pas** vu le jaguar arriver.* → *Il a **pas** vu le jaguar arriver.*

1 Mettez les phrases suivantes à la forme négative.

1 Briant tue l'animal d'un coup de couteau.
....

2 Les garçons construisent un cerf-volant.
....

3 Les amis de Kate sont tous morts.
....

4 Ils sont allés observer l'île du sommet de la falaise.
....

5 Les naufragés mangent du poisson.
....

6 Kate a vu les bandits s'éloigner dans la chaloupe.
....

Production écrite et orale

1 À cause des bandits et du jaguar, Kate, Briant, Moko et Doniphan ont eu peur. Racontez un livre, un film ou un événement qui vous a fait très peur.

Avant de lire

1 Les mots suivants sont utilisés dans le chapitre 7. Associez chaque mot à l'image correspondante.

a un prisonnier	**b** une pipe	**c** un orage
d un revolver	**e** un canal	**f** un archipel

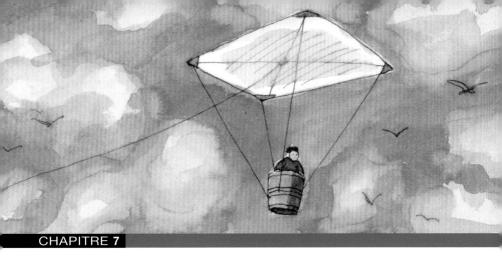

CHAPITRE 7

L'officier Evans

Briant prend place dans la nacelle. Le vent est idéal. En dix secondes, le *Géant des airs*, comme ils l'ont appelé, se soulève. Les garçons les plus forts laissent filer la corde. Le cerf-volant s'élève régulièrement et lentement.

Briant voit nettement le feu d'un campement au lointain. Walston et sa bande n'ont donc pas quitté l'île car ils n'ont pas encore réparé leur chaloupe.

Les garçons décident de faire la garde à tour de rôle [1]. Ils sentent que le danger est imminent. Gordon, aux alentours [2] de la grotte, a marché sur une pipe !

Le soir du 27 novembre, un orage violent éclate sur l'île.

Les garçons, inquiets, observent le chien agité, près de l'entrée. Tout à coup, il leur semble entendre une détonation. Coup de

---

1. **À tour de rôle** : l'un après l'autre.
2. **Aux alentours** : autour, à proximité.

tonnerre, coup de revolver ? Soudain, devant l'entrée, un homme apparaît qui crie : « À moi ! »

— Evans ! C'est Evans ! s'exclame Kate.

Evans regarde le groupe des adolescents. Des enfants pour combattre la bande de Walston !

Il raconte qu'il était le prisonnier de Walston qui a besoin d'un marin pour quitter l'île. Evans s'est cependant échappé, poursuivi [1] pendant des heures par les bandits qui l'ont laissé pour mort au fond de la rivière. Il confirme encore aux jeunes colons que les malfaiteurs ont besoin d'outils pour réparer la chaloupe, comme a pensé Kate.

— Nous pouvons réparer nous-mêmes la chaloupe et quitter l'île ! ajoute Evans, d'un ton décidé.

— Traverser le Pacifique avec une chaloupe ? s'écrient ensemble tous les garçons.

C'est ainsi que l'officier explique aux colons que l'île n'est qu'à une trentaine de milles d'autres îles, séparée par un grand canal, qu'elle appartient à un archipel de l'Amérique du Sud, et qu'elle s'appelle l'île Hanovre.

---

1. **Poursuivre** : ici, suivre quelqu'un qui s'échappe.

Compréhension écrite et orale

DELF **1** Lisez attentivement le chapitre, puis cochez la bonne réponse.

1 Le cerf-volant s'appelle le
   a ☐ *Géant des airs.*
   b ☐ *Géant des mers.*
   c ☐ *Géant des océans.*

2 Les camarades de Briant
   a ☐ tiennent
   b ☐ coupent   la corde.
   c ☐ emmêlent

3 Au loin, Briant aperçoit un
   a ☐ feu.
   b ☐ mont.
   c ☐ lac.

4 La nuit, les garçons
   a ☐ bloquent l'entrée de la grotte.
   b ☐ vont dormir ailleurs.
   c ☐ restent éveillés.

5 Les adolescents trouvent une
   a ☐ pipe.
   b ☐ casquette.
   c ☐ chaussure.

6 Un soir de novembre, Phann est
   a ☐ agité.
   b ☐ endormi.
   c ☐ tranquille.

7 Evans est un
   a ☐ cousin
   b ☐ ennemi   de Kate.
   c ☐ ami

8 Les bandits pensent qu'Évans
   a ☐ est mort.
   b ☐ s'est échappé.
   c ☐ a disparu.

2 Evans raconte son histoire. Choisissez la bonne réponse.

Je suis (**1**) .... sur le (**2**) .... *Severn* qui
bat pavillon (**3**) .... Nous avons quitté le port de
(**4**) .... le 30 septembre. L'équipage est presque
entièrement nouveau, mais la traversée s'annonce bien. À environ
(**5**) .... cents milles de la côte chilienne, les hommes
récemment engagés tuent (**6**) ...., des hommes
d'équipage et les passagers. Ils veulent s'emparer du navire mais le
Severn, pris dans la tempête, finit sur les (**7**) .... et fait
naufrage. Ils ne m'ont pas tué car je connais bien (**8**) ....
et nous avons atteint la côte sur une chaloupe. Sur l'île, j'ai réussi à
(**9**) ...., mais ils me croient mort.

1	**a**	mousse	**b**	officier	**c**	commandant
2	**a**	cargo	**b**	paquebot	**c**	bateau
3	**a**	chilien	**b**	argentin	**c**	américain
4	**a**	San Diego	**b**	San Francisco	**c**	San Salvador
5	**a**	deux	**b**	six	**c**	huit
6	**a**	le capitaine	**b**	l'amiral	**c**	le commandant
7	**a**	rochers	**b**	écueils	**c**	falaises
8	**a**	cet archipel	**b**	ce continent	**c**	cette île
9	**a**	m'échapper	**b**	me sauver	**c**	m'enfuir

Enrichissez votre **vocabulaire**

1 Remettez les lettres dans l'ordre pour trouver les mots correspondant
à chaque définition.

1 Terre entourée d'eau de tous les côtés, sauf un qui est relié au
   continent : une _ _ _ _ _ _ ' _ _ _ . (REPLÎQUES)

2 Bande de terre qui relie une presqu'île au continent, ou qui sépare
   deux mers : un _ _ _ _ _ _ . (THEMIS)

3 Endroit où un cours d'eau se jette dans la mer :
   une _ _ _ _ _ _ _ _ _ . (BUOUREEMCH)

4 Cours d'eau très long et très large : un _ _ _ _ _ _ . (VELUFE)

Montgolfières et ballons

L'homme a toujours rêvé de voler. La légende raconte qu'Icare, grâce aux ailes fabriquées par son père, réussit à quitter le Labyrinthe où il est retenu prisonnier.

On retrouve, dans certains dessins de Léonard de Vinci (1452-1519), des engins pour voler qui ressemblent étrangement à des aéroplanes.

Mais c'est seulement quelques siècles plus tard, au XVIIIe siècle, que l'homme quitte enfin le sol grâce à un ballon ! Malheureusement, le ballon est difficile à piloter. La montgolfière, elle, pourra monter et descendre à volonté, et son pilote, s'il est habile, saura trouver les courants d'air qui vont la porter. En novembre 1782, Joseph Montgolfier remarque qu'une de ses chemises qui sèche au-dessus du

feu se gonfle et se soulève. Quelques mois plus tard, il confectionne, avec l'aide de son frère Étienne, un énorme globe de papier qui réussit à s'élever à... 400 mètres de haut ! L'Académie des Sciences s'intéresse à l'invention et le 19 novembre 1783, à Versailles, devant Louis XVI, une montgolfière chauffée avec de la paille humide et de la laine s'élève dans le ciel. À son bord, il y a trois passagers : un canard, un coq et un mouton ! Ils vont voler pendant huit minutes avant d'atterrir dans un champ, à 3 kilomètres de là, en parfaite santé. Quelques mois plus tard, c'est au tour d'un homme de

Un ballon à la fin du XIXe siècle.

flotter dans les airs. L'envol a lieu à Paris et le ballon parcourt 10 kilomètres. Plus tard, l'air chaud est remplacé par un gaz plus léger : l'hydrogène. Le ballon ainsi rempli s'élève à 3 000 mètres. C'est un énorme progrès car l'autonomie d'une montgolfière à air chaud est liée à la quantité de combustible que l'on peut emporter pour chauffer l'air contenu dans le ballon. Avec l'hydrogène, puis l'hélium, on n'a plus besoin de carburant. Les passagers doivent seulement emporter des poids qu'ils lâchent en vol pour permettre à l'engin de monter. Les montgolfières envahissent la France et l'Europe, mais elles sont peu à peu remplacées par les ballons à gaz car ils sont plus sûrs.

En 1870, lors du siège de Paris par les Prussiens, les ballons vont être très utiles car ils apportent de la nourriture aux Parisiens affamés. C'est encore en ballon que le ministre Léon Gambetta va fuir Paris assiégé. Mais les ballons vont aussi être utilisés à des fins militaires. En 1849, les Autrichiens lâchent des obus sur Venise et c'est, hélas, le premier bombardement de l'histoire.

Au début du XXᵉ siècle, le comte Von Zeppelin développe la construction d'énormes ballons à gaz, de forme ovale, munis de moteurs. Ces engins assurent les liaisons transatlantiques vers New York et Rio de Janeiro. Cependant, un grave accident met fin à ce moyen de transport en commun.

De nos jours, les ballons à gaz servent surtout à faire de la publicité. Il existe aussi, depuis quelques années, la *Cinébulle*. C'est une petite montgolfière qui permet de faire des travellings.

Les adeptes de la montgolfière sont de plus en plus nombreux. C'est devenue une discipline sportive où les passionnés essaient d'établir des records : durée, distance, altitude. En mars 1999, un médecin suisse, Bertrand Piccard, descendant de célèbres constructeurs de montgolfières, et le pilote Brian Jones réalisent le rêve de Jules Verne et font le tour du monde en 19 jours à bord de l'*Orbiter* !

Compréhension écrite

DELF **1 Lisez attentivement le dossier, puis dites si les affirmations suivantes sont vraies (V) ou fausses (F).**

		V	F
1	Le premier vol en ballon a eu lieu au XVIIIᵉ siècle.		
2	Le ballon est plus facile à piloter que la montgolfière.		
3	Joseph et Étienne Montgolfier sont les inventeurs de la montgolfière.		
4	Les premiers passagers de la montgolfière sont des hommes.		
5	Au XXᵉ siècle, des ballons à gaz sont utilisés comme moyen de transport.		
6	Aujourd'hui, la montgolfière est une discipline sportive.		

CHAPITRE 8

L'aventure est finie

Quelques jours passent. Selon Evans, Walston et ses hommes vont chercher à s'emparer des outils par la ruse. En effet, ils ne savent pas que les enfants connaissent leurs véritables intentions et leur identité. Kate et Evans décident de rester cachés.

Un soir, les deux adolescents de garde annoncent que deux hommes s'approchent le long du lac. Gordon et Doniphan vont à leur rencontre comme des amis et leur offrent l'hospitalité.

Les bandits expliquent qu'ils viennent de faire naufrage et qu'ils sont les seuls survivants du *Severn*.

Pendant la nuit, ils tentent de dégager l'entrée de la grotte pour faire entrer les autres bandits. Evans sort alors de sa cachette, neutralise un bandit tandis que l'autre s'échappe.

Des traces de pas aux alentours de la grotte montrent que les autres bandits se sont rapprochés, qu'ils attendent le meilleur moment pour attaquer.

Evans, Doniphan et Wilcox, armés, contrôlent sans arrêt la

Deux ans de vacances

zone autour de la grotte. Kate, elle, reste à la base avec les enfants plus petits, terrifiés.

Au cours d'un contrôle, une détonation éclate. Evans et les adolescents rentrent précipitamment à la grotte. Ils voient Briant aux prises avec un homme bien plus fort que lui. Evans s'élance à son secours tandis que Phann saute à la gorge d'un autre malfaiteur. Surpris par tant de détermination et sans munitions, les bandits préfèrent s'éloigner pour le moment. Ils se dirigent en courant vers le dangereux marais...

Evans commence à réparer la chaloupe qui va permettre au groupe de traverser le canal et de rejoindre d'autres terres.

En janvier, Evans s'occupe du chargement. Les naufragés rassemblent de la nourriture, de l'eau douce et les objets utiles pour la traversée.

Enfin, un matin, la chaloupe prend la mer. Les adolescents regardent avec le cœur serré l'extrême pointe de l'île Chairman, comme ils l'ont appelée, disparaître à l'horizon.

Le 11 février, la chaloupe débouche dans le détroit de Magellan. Un bateau en route pour l'Australie a vu la chaloupe et charge ses passagers.

Le 25 février 1862, les naufragés du *Sloughi* et leurs amis arrivent à Auckland, fêtés par leurs familles et admirés par le monde entier. Le journal de bord des naufragés du *Sloughi* est publié et fait le tour du monde ! Le monde entier veut connaître le récit des aventures de ce groupe de garçons courageux et ingénieux, portés disparus... presque deux ans auparavant.

Compréhension écrite et orale

1 **Lisez attentivement le chapitre, puis répondez aux questions.**

1 Quelle est la ruse adoptée par les adolescents pour tromper les malfaiteurs ?

....

2 Qui se bat avec les malfaiteurs ?

....

3 Comment les naufragés traversent-ils le canal ?

....

4 Quand les naufragés arrivent-ils à Auckland ?

....

5 Qui attend les naufragés à leur arrivée ?

....

6 Pendant combien de temps les naufragés ont-ils disparu ?

....

Enrichissez votre **vocabulaire**

1 **Retrouvez le sens des expressions soulignées.**

1 Briant est aux prises avec un homme.

  a ☐ discuter avec quelqu'un.

  b ☐ se battre avec quelqu'un.

2 Les enfant quittent l'île le cœur serré.

  a ☐ être triste.

  b ☐ être content.

3 Un bateau, en route pour l'Australie, aperçoit la chaloupe.

  a ☐ en direction de.

  b ☐ de retour de.

1 Remettez les dessins dans l'ordre en suivant la chronologie de l'histoire.

2 Complétez la grille à l'aide des définitions, puis découvrez le message dans les cases rouges. Selon vous, qui a dit cela ?

1 Relief élevé de l'île Chairman.

2 Phann.

3 Embarcation.

4 Terre entourée d'eau.

5 Habitation de François Baudoin.

6 Sert à allumer un feu.

7 Il commande un bateau.

8 Objet perdu par un des bandits près de la grotte.

9 Instrument pour voir loin.

10 Leur bateau a coulé.

11 Objet qui s'élève dans les airs.

12 Walston et sa bande.

13 Phann boit son eau.

14 À droite pour les marins.

15 Instrument qui indique le Nord.

16 Instrument qui indique l'heure.

17 Embarcation de naufragés.

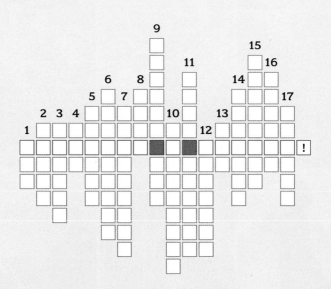